LE SECRET

DE LA DERNIÈRE HEURE

OU

RÉPUBLIQUE ET ROYAUTÉ

PAR

F.-H. DURBEC

« Dieu aime encore
« ses Francs! »

MARSEILLE
CHEZ LES PRINCIPAUX LIBRAIRES
1873

MARSEILLE. — TYP. MARIUS OLIVE, RUE SAINTE, 39.

LE ROI N'EST PAS MORT

VIVE LE ROI !

5 Novembre 1873

I

La lettre royale du 27 octobre, adressée de Salzbourg à M. Chesnelong, est, à l'heure actuelle, un sujet de profondes méditations pour les hommes de cœur de toutes nuances et, particulièrement, pour ceux qui sont appelés à asseoir désormais, sur des bases solides, l'avenir du pays.

Ils seraient bien à plaindre ceux qui ne verraient point dans ces admirables pages, une solennelle et suprême affirmation des SEULS PRINCIPES CONSERVATEURS qui puissent conjurer la perte d'une grande nation.

Ces hommes, s'ils existent réellement, pourraient être, selon nous, divisés en trois catégories que nous allons essayer de rendre plus sensibles au moyen de quelques comparaisons.

Les hommes de la première catégorie sont ceux qui, pour des vues secrètes et inavouables, ferment obstinément les yeux à l'évidence ; comme ces aveugles-nés, fatalement destinés à ne jamais voir la lumière du jour.

Les hommes de la deuxième catégorie sont ceux qui, pour des motifs plus ou moins légitimes, n'osent soulever le voile qui leur cache encore une partie de la vérité qu'ils ont pourtant déjà reconnue en principe ; semblables à ces malheureux prisonniers qui, après avoir langui dans l'obscurité d'un cachot, ne peuvent, au jour de leur délivrance, supporter qu'avec peine, les premiers rayons du Soleil.

Enfin, les hommes de la troisième catégorie (et ils ne sont pas, assurément, les moins dangerenx pour la cause que nous défendons) sont ceux qui, bien que pénétrés de l'excellence des principes sur lesquels reposent les PRÉROGATIVES ROYALES, ne verraient pas d'inconvénient à faire brêche à *l'intégrité* de ces prérogatives, par des concessions incompatibles avec l'honneur et la dignité d'un Souverain. — Ces hommes étranges peuvent être assimilés à un malade qui, pour conserver un membre profondément vicié, ne craindrait pas d'exposer le corps entier à la corruption.

Ces trois catégories d'hommes ainsi définies, voyons si, sans recourir aux grandes leçons de l'Histoire et invoquer les DOULOUREUX SOUVENIRS DU PASSÉ, nous ne pourrions pas, par la simple logique des évènements qui se sont accomplis de nos jours, confondre l'hypocrisie des premiers, vaincre l'hésitation des seconds et dissiper l'aveuglement des autres.

Et d'abord, vous qui appartenez à la première catégorie, RÉPUBLICAINS DE LA VEILLE ET DU LENDEMAIN, permettez-moi de vous demander sur quels fondements vous vous appuyez, quand vous prétendez que votre République, *radicale ou conservatrice* (c'est la même chose aujourd'hui) est la seule forme de gouvernement désormais possible en France, comme aussi la seule qui soit compatible avec les mœurs et les besoins actuels du pays?

LES MOEURS! — Mais, malheureux, pouvez-vous de bonne foi, soutenir une pareille thèse? En quoi trouvez-vous que les mœurs actuelles de la France soient véritablement républicaines? Est-ce dans leur austérité? mais voyez donc ce qui se passe autour de vous! Qu'avons-nous de commun avec les Spartiates et les Romains des beaux jours de la République? Où sont, dites-le-moi, les Aristides et les Catons modernes? Est-ce dans vos rangs? répondez!.......

LES BESOINS! — mais quels sont, je vous prie, les vrais besoins du pays, si ce n'est cette paix et cette sécurité du jour, du lendemain, de tous les instants, sans lesquelles rien de stable ne saurait subsister; cette confiance réciproque dans les petites comme dans les grandes opérations commerciales; et, par-dessus tout, comme l'a dit avec tant d'éloquence une bouche auguste et autorisée, cette HONNÊTETÉ qui est la *pierre angulaire* de l'édifice social, comme aussi la première des conditions indispensables à une véritable régénération? — Ces précieux avantages, nous les avez-vous procurés?

Vous ne répondez point; mais votre silence et les souvenirs navrants de ces trois dernières années répondent pour vous ou plutôt contre vous!

Avouez donc votre impuissance, et laissez à des mains plus habiles et, surtout, plus loyales, le soin de régénérer le pays.

Vous qui formez la deuxième catégorie, et qui n'avez pas encore osé soulever le voile qui vous cache une partie essentielle de la vérité, pourriez-vous hésiter encore, à l'heure qu'il est, entre une opinion qui s'est suicidée elle-même par la nature de ses œuvres, et celle qui se présente avec ses quatorze siècles d'existence, dans la personne auguste du Chef actuel de la Maison de Bourbon!

Enfin, vous hommes de la troisième catégorie, comment pouvez-vous concilier votre fidélité au principe immuable de la MONARCHIE TRADITIONNELLE entourée des PRÉROGATIVES ROYALES, avec la dangereuse tendance que vous manifestez à l'endroit des sacrifices qui touchent de si près à l'honneur et à la dignité de votre Roi?

Ah! quelque honorables que soient vos motifs; quelque légitimes que soient vos craintes de la dernière heure, sachez-le bien, tout cela a été prévu et pesé dans la balance d'un grand cœur; et HENRI V dût-il redevenir pour nous le COMTE DE CHAMBORD, il ne faudrait pas regretter les déclarations si franches et si loyales de sa lettre-manifeste du 27 octobre qui, en sauvegardant sa dignité personnelle et l'honneur de la Maison de Bourbon, auraient encore épargné à la France, une nouvelle et bien dangereuse absurdité (nous allions dire monstruosité).

Vous donc qui appartenez à la deuxième ou à la troisième catégorie, Français de tous rangs, de tous ordres, de toutes conditions, comprenez enfin le langage ferme, mais en même temps si paternel de votre Roi ; et que les dernières paroles qu'il vous a adressées de Salzbourg, ne soient point, hélas ! par votre faute, des paroles d'adieux !.......

Mais non, il n'en sera point ainsi; et, à l'heure suprême, loin d'avoir à constater de regrettables défaillances, la REPRÉSENTATION NATIONALE verra grossir les rangs des vrais conservateurs, et la COURONNE de CHARLEMAGNE resplendira tout entière sur la tête de son glorieux descendant !

Et le COMTE de CHAMBORD, que nous aimons et que nous aimerons toujours à nommer ainsi dans nos souvenirs intimes, sera proclamé ROI DE FRANCE, sous le nom de **Henri V** !

Et alors le peuple, ce même peuple que l'on nous disait si antipathique à la ROYAUTÉ, saluera avec enthousiasme, l'avénement de Celui que la Providence a daigné soutenir aux LONGUES HEURES DE SON EXIL, pour lui faire accomplir, un jour, la grande mission qu'elle lui avait réservée dans la sagesse de ses mystérieux décrets !

LE DRAPEAU BLANC

Amis, le Ciel comble notre espérance ;
Répétons tous avec un même élan :
Vive Henri V, le Sauveur de la France !
Vive Henri V, Vive le drapeau blanc !

Assez longtemps des bouches mensongères
Ont propagé les plus tristes erreurs,
Et soulevé les haines populaires
Contre nos vrais, nos seuls libérateurs !

Ils nous disaient, dans leur subtil langage,
En nous tendant une hypocrite main :
Le droit du peuple est un droit sans partage,
Le droit du peuple est le droit souverain !

Fouillant alors dans nos vieilles annales,
Et nous prenant pour de vrais *martégaux*,
Ils nous disaient, de leurs bouches vénales :
Craignez la dime et les droits féodaux !

Amis, le Ciel comble notre espérance ;
Répétons tous avec un même élan :
Vive Henri V, le Sauveur de la France !
Vive Henri V, Vive le drapeau blanc !

Ils nous disaient ces esprits sataniques,
En nous couvrant de leur impur venin :
Méfiez-vous des hommes monarchiques ;
Méfiez-vous, amis, du droit divin !

Si vous votez encor pour la noblesse,
Savez-vous bien ce qui va se passer?
On vous dira, qu'au sortir de la messe,
Il faut encore aller vous confesser !

Puis, au milieu du groupe fanatique
Que ces discours avaient surexcité;
Ils s'écriaient : Vive la République!
Vive Esquiros! Vive la liberté !

Amis, le Ciel comble notre espérance;
Répétons tous avec un même élan :
Vive Henri V, le Sauveur de la France !
Vive Henri V ! Vive le drapeau blanc!

Les partisans du drapeau tricolore,
Voudraient en vain nous le faire adopter ;
Avec les LYS, nous reverrons encore
Le drapeau blanc sur le Louvre flotter.

Le drapeau blanc fut celui de la France,
Avant qu'un autre, hélas! l'eût remplacé....
Le drapeau blanc, c'est la réjouissance,
Le drapeau blanc, c'est la STABILITÉ !

Si c'est au Roi que le choix en incombe,
Laissez au Roi le choix de son drapeau ;
Car, s'il voulut qu'il ombrageât sa tombe,
C'est qu'il flotta jadis sur son berceau !!!

Amis, le Ciel comble notre espérance ;
Répétons tous avec un même élan :
Vive Henri V, le Sauveur de la France !
Vive Henri V ! Vive le drapeau blanc !

LA QUESTION DU JOUR

II

En présence des lenteurs et des incertitudes qui se révèlent au sein de la REPRÉSENTATION NATIONALE, on serait tenté de se demander si, dans cette étrange lutte, les hommes du 24 Mai ne perdront pas, par des concessions indignes de leur caractère, le terrain qu'ils avaient conquis sur leurs adversaires politiques du 4 septembre et du 8 février.

Aussi, sans sortir des limites d'une sage polémique et de cette modération de langage qui n'exclut point l'expression de la vérité, nous allons essayer aujourd'hui d'expliquer les causes de la situation anormale de nos groupes parlementaires, et indiquer résolument le moyen d'y remédier.

Mais, pour mieux fixer nos idées sur la question à l'ordre du jour, jetons d'abord un coup d'œil rétrospectif sur la marche des évènements politiques qui ont précédé la crise parlementaire que nous traversons, et voyons quels sont les hommes qui ont accepté la glorieuse mission de sauvegarder les grands intérêts du pays.

A la suite des désastres occasionnés par une lutte inégale et sans précédent, la FRANCE, humiliée et meurtrie, avait vu se joindre aux ennemis du dehors, des ennemis bien autrement dangereux qui, sous le titre de

DÉFENSEURS DE LA NATION, devaient travailler plus efficacement encore que les premiers à l'œuvre de son humiliation et de sa ruine.

Ces hommes, qu'une triste célébrité nous dispense de nommer, réussirent par leur audace, à s'imposer au public qui s'inclina, sans mot dire, devant leur pouvoir improvisé.

Mais bientôt, fatigué ou pour mieux dire dégoûté des excès, toujours croissants, d'une dictature impuissante et sans dignité, l'orgueil national s'éveilla, et un autre homme fut appelé à prendre les rênes du gouvernement, sous le titre de PRÉSIDENT DE LA RÉPUBLIQUE.

Cet homme avait en lui un avantage qui manquait à son bouillant prédécesseur: celui de L'HABILITÉ, et de plus un nom plus sympathique, au point de vue de l'ordre, que celui de l'ex-dictateur. C'est, sans doute, à ces deux causes réunies qu'il faut attribuer le nombre exceptionnel de suffrages dont il fut honoré.

Si nous ajoutons à ces qualités, plus ou moins incontestables, mais alors incontestées, l'heureuse négociation de l'EMPRUNT NATIONAL et la défaite, non moins heureuse, de la COMMUNE DE PARIS, nous trouverons l'explication naturelle du prestige qui entourait le fauteuil de la Présidence, et nous ne serons pas étonnés de voir l'Assemblée entière considérer M. Thiers comme le seul homme capable de résoudre les difficultés de la situation.

Toutefois, au milieu du témoignage unanime que la presse officielle et officieuse rendait aux talents et au mérite de *l'habile homme d'Etat*, quelques voix indépendantes osaient, de temps à autre, protester contre cette nouvelle dictature qui se cachait derrière la PRÉSIDENCE, et qui n'admettait point le droit de discussion ; mais ces voix isolées étaient bientôt dominées par celle du Président qui parvenait toujours à faire prévaloir son avis au sein d'une trop complaisante majorité. En d'autres termes, le pouvoir délibérant qui appartient exclusivement à l'ASSEMBLÉE SOUVERAINE, se trouvait exercé, en réalité, par celui qui n'en était que le délégué.

Une situation aussi anormale ne pouvait durer plus longtemps, et L'OBSTINÉ VIEILLARD, qui avait demandé un vote de confiance pour mieux asseoir encore sa domination, dut se retirer devant le blâme solennel infligé à son gouvernement, pour céder le fauteuil de la Présidence au vainqueur de MAGENTA et de la COMMUNE DE PARIS.

Ici se présente naturellement une question à laquelle nous répondrons sans craindre d'être désavoué.

Comment se fait-il que la retraite soudaine et inopinée de M. Thiers, *l'homme unique de la situation*, et l'avènement non moins imprévu, du Maréchal de Mac-Mahon à la Présidence de la République, n'aient été suivis d'aucune secousse, soit dans les rangs de l'Assemblée Nationale, soit au sein de nos populations ?

Ah ! c'est que la personne du Maréchal, pour être moins connue que celle de l'ex-ministre de Louis-Philippe, dans le monde politique, avait en elle quelque chose qui compensait avantageusement les *roueries* de ce dernier : une réputation militaire irréprochable qui le faisait regarder comme le type de cet honneur chevaleresque, qu'une BOUCHE AUGUSTE devait plus tard si éloquemment qualifier !

C'est que la loyale épée du « BAYARD DES TEMPS MODERNES, » en venant désormais rassurer les honnêtes gens, allait réaliser une promesse faite en d'autres temps, par une parole hypocrite que l'Histoire ne saurait manquer de flétrir !

C'est qu'à côté de l'ordre matériel, qui est la sauvegarde du présent, apparaissait aussi le rétablissement progressif de l'ORDRE MORAL, non moins indispensable que le premier dans la vie sociale, et qui est assurément la meilleure sauvegarde de l'avenir !

Mais, ce premier pas vers une véritable régénération sociale, devait être suivi d'un second que les hommes de cœur appelaient de tous leurs vœux, comme pouvant faire tomber la seule barrière qui séparait encore les groupes vraiment conservateurs de l'Assemblée Nationale, et réunir en un seul faisceau, toutes les FORCES RÉPARATRICES du pays.

Et trois mois ne s'étaient pas écoulés que, dans une journée à jamais mémorable, le Comte de Chambord recevait, à Frohsdorf, la visite solennelle du Comte de Paris, portant à son royal cousin, avec l'assurance du respect et du dévouement de tous les princes de sa famille, la reconnaissance formelle et irrévocable de ses droits à la Couronne de France, comme Chef actuel de la Maison de Bourbon.

Et les deux princes, dans une loyale étreinte, scellait leur réconciliation et juraient de travailler désormais ensemble au salut et à la prospérité de la Nation.

La nouvelle de l'entrevue de Frohsdorf fut accueillie en France comme elle devait l'être, avec un véritable bonheur. Dès ce moment le rétablissement de la MONARCHIE TRADITIONNELLE ne fut plus, aux yeux des amis de l'ordre, qu'une question de temps dont la solution, plus ou moins rapprochée, appartenait de droit aux représentants du pays.

Dans ce but, une commission composée de neuf membres appartenant à la majorité conservatrice de l'Assemblée, fut chargée de se rendre auprès du Roi pour lui transmettre les vœux qui l'appelaient à prendre possession du trône de ses pères, et lui soumettre respectueusement quelques considérations relatives à la future Constitution.

Sans entrer ici dans les détails de cette mémorable entrevue qui devait ajouter le sceau national à celle, non moins mémorable, du 5 août, par l'accord du Roi avec les mandataires légaux du pays, (détails qui se trouvent d'ailleurs consignés dans le compte-rendu de la Commission des Neuf du 15 octobre dernier), disons seulement que le Comte de Chambord se montra dans cette circonstance, ce qu'il avait toujours été : grand et libéral sur le terrain des libertés publiques, inébranlable sur celui de son honneur et de sa dignité.

Mais le génie du mal veillait toujours ; et ce document, qui eût dû satisfaire toutes les exigences, fut signalé au public par une presse hostile, comme renfermant des obscurités qu'il fallait dissiper à tout prix. De là les interprétations les plus erronées, les insinuations les plus malveillantes ; et, chose inouïe, tandis que les hommes de cœur rendaient hommage à la noblesse d'un caractère qui s'élevait jusqu'à l'héroïsme, des plumes déloyales et mercenaires osaient l'accuser d'avoir fait, au désir de régner, LE SACRIFICE DE SON DRAPEAU !

Et quand l'héritier de nos rois est venu, dans un langage aussi élevé que patriotique, invoquer le témoignage d'un « homme de cœur » pour dissiper ce qu'il veut bien appeler des malentendus, ces mêmes hommes n'ont pas craint d'ajouter que le Comte de Chambord avait manqué de patriotisme et « JETÉ SA COURONNE AU VENT. »

Nouvelle inconséquence qui n'échappera point aux hommes impartiaux, et dont le bon sens public ne saurait manquer de faire justice.

Quoi qu'il en soit, après avoir ainsi rappelé la marche des évènements politiques qui se sont successivement déroulés à nos yeux, voyons si les hommes qu'on est convenu d'appeler CONSERVATEURS, réalisent bien l'idée exprimée par ce mot et, surtout, si, à l'heure actuelle, ils marchent résolument vers le but qu'ils se sont proposé.

Dans cet examen que nous appellerons impartial, nous laisserons de côté ces SOI-DISANT CONSERVATEURS qui, malgré les enseignements du passé, verraient encore dans l'établissement définitif de la République, un moyen suffisant d'assurer l'avenir du pays; comme si les complots d'Autun et de Lyon n'étaient pas de nature à modifier sensiblement leur avis.

Mais nous dirons toute notre pensée et sans rien déguiser de la vérité, sur les hommes qui ont créé le gouvernement du 24 Mai, et sur l'impérieux devoir qu'ils ont de remplir jusqu'au bout leur mission salutaire.

Vous donc qui, convaincus par les leçons d'une cruelle expérience, que la République conservatrice de M. Thiers ne pouvait assurer à la France les garanties d'ordre et de sécurité indispensables à l'œuvre de sa régénération, Conservateurs de la Droite, quelle fut, dites-moi, votre pensée intime quand, par un vote énergique, vous substituâtes à un régime équivoque et frappé d'impuissance, un pouvoir loyal et vraiment conservateur, en appelant à la Présidence de la République Celui dont le passé vous garantissait l'avenir?

N'aviez-vous pas en vue de rendre un jour au pays, avec le GOUVERNEMENT MONARCHIQUE, le rang qu'il avait autrefois occupé parmi les grandes nations?

Et, s'il en est ainsi, comment pouvez-vous concilier avec vos espérances, cette apathie et cette insouciance qui présentent un si frappant contraste avec la vigilance et les agissements de vos adversaires, les radicaux!

Eux, du moins, d'accord avec leurs principes, marchent comme un seul homme, vers le but qu'ils se sont proposé; et, s'ils présentent quelques dissidences dans leurs divers groupes, ils savent bien s'entendre pour le jour du scrutin.

Faudra-t-il donc voir encore le génie du mal triompher dans une lutte qui va décider des destinées de la France, et cela au moment où nous croyions toucher au port?

Ah! si vous aviez, pour défendre une cause qui vous est chère, le zèle et l'énergie qu'emploient vos adversaires de la Gauche pour la combattre, n'en doutez point, le triomphe de cette cause vous serait assuré; mais il faut bien l'avouer à notre honte, ils sont plus habiles, ils sont plus conséquents que nous!

Mais, me direz-vous peut-être : que pourrions-nous faire de plus en présence des dernières déclarations du Roi? N'avez-vous pas été, comme nous, troublé dans vos espérances en voyant ainsi crouler l'édifice au moment où il allait être couronné?

— Non, certes, car c'est ici votre erreur, laissez-moi vous le dire avec l'indépendance de la vérité: Non, ce n'est pas L'ÉDIFICE qui s'est écroulé, mais la CHARPENTE sur laquelle vous aviez voulu le modeler, et la lettre de Salzbourg, en rectifiant les erreurs qui s'étaient accréditées dans le public (grâce aux interprétations malveillantes d'une presse hostile, sans qu'une voix éloquente et officielle se soit élevée pour les combattre dès le principe), n'a fait que confirmer, en la développant, la PENSÉE ROYALE, fidèlement exprimée déjà dans le compte-rendu de la Commission des NEUF, certifié par l'honorable général Changarnier.

Il suffit, en effet, de lire avec attention ces deux documents, pour se convaincre de leur parfaite connexité, et pour mettre au défi tout homme impartial d'y trouver la moindre contradiction.

Et pourtant, vous vous êtes laissé abattre, décourager peut-être au moment décisif! et cet abattement, ce découragement que vous n'avez point su maîtrisér, s'est propagé dans les rangs de vos amis politiques qui avaient les yeux fixés sur vous, et qui ont fatalement subi l'influence de vos impressions !......

Ah ! si, cédant à la pensée dont vous vous étiez inspirés le 24 Mai, pensée qui avait suggéré celle, non moins salutaire, du 5 Août, vous aviez, au lendemain de l'entrevue princière de Frohsdorf, vaillamment arboré votre drapeau et proclamé la réalisation de vos espérances, la France, n'en doutez point, eût acclamé votre ŒUVRE, et ses destinées ne seraient point soumises, aujourd'hui, aux chances d'un nouveau scrutin !!!

Mais, pour avoir ainsi ajourné cette œuvre, vous ne l'avez pas détruite, et le but que vous vous étiez d'abord proposé peut encore être atteint, si vous le voulez.

Eh bien ! à défaut d'une voix plus autorisée que la mienne, laissez-moi vous le dire dans la conviction de mon âme :

— En attendant l'heure de la lutte, lisez, relisez et puis relisez encore la lettre-manifeste de Salzbourg, et vous puiserez dans ces admirables pages où se révèle dans toute sa grandeur, le caractère de votre Roi, cette force et cette assurance qui sont l'avant-coureur certain du triomphe, le gage assuré de la victoire au jour du combat !

Et maintenant, laissez-moi encore en finissant, exprimer un vœu dont la réalisation prochaine me paraîtrait renfermer un puissant élément de salut : celui de voir, avant le vote des LOIS CONSTITUTIONNELLES, le jeune prince qui, après le COMTE de CHAMBORD, occupe désormais la première place dans nos souvenirs, RATIFIER en ce qui le concerne, par un document authentique, les déclarations contenues dans la LETTRE ROYALE du 27 octobre à M. Chesnelong.

Ce serait là, si je ne me trompe, le complément naturel, nécessaire, indispensable peut-être pour certains esprits hésitants, de l'acte solennel et patriotique du 5 août ; et, en affirmant ainsi la parole immuable du Roi, le Comte de Paris achèverait, sans doute, de dissiper les malentendus qui pourraient encore exister à la dernière heure, et la MONARCHIE HÉRÉDITAIRE, qu'il est appelé à représenter un jour, sortirait triomphante de l'urne nationale, abritée sous un seul et même drapeau !

EMBLÈME

Il est au fond d'une vallée,
A côté d'un site enchanteur,
Une flenr à demi voilée,
Douce au regard, suave au cœur.

Au milieu de son blanc calice,
Mon œil contemple avec délice,
Un joli petit sceptre d'or
Qui semble prendre son essor.

Quelle est donc cette fleur nouvelle
Qu'un pur rayon va faire ouvrir ?
C'est la fleur qui porte avec elle
Un germe qui ne peut mourir.

Belle entre toutes ses compagnes,
Elle les surpasse en splendeur ;
Et la neige de nos montagnes
Egale à peine sa blancheur.

Enfin, quand son urne mi-close
Brille des perles du matin,
J'admire l'Artiste divin
Qui fit le LYS avec la rose.

Comme l'aurore d'un beau jour,
Emblême de notre espérance,
FLEUR-DE-LIS reviens à ton tour,
Orner le DRAPEAU de la France !

LA PROROGATION

20 Novembre 1873

III

En faisant sortir de l'Urne nationale, la prorogation des pouvoirs du Maréchal Mac-Mahon, le vote du 20 novembre a démontré, une fois de plus, ce que peuvent les hommes d'ordre contre l'esprit révolutionnaire et anti-social.

Aussi, sans sortir des limites du respect et de la déférence que nous devons avoir pour les auteurs de ce nouveau résultat, nous examinerons avec toute la liberté d'une loyale discussion, s'il ne leur reste pas encore quelque chose à faire pour assurer DÉFINITIVEMENT l'avenir du pays.

Sous ce point de vue, nous reconnaissons volontiers qu'au milieu des complications actuelles, la prorogation présidentielle est un pas remarquable, sinon décisif, dans la voie de la régénération politique et sociale, ouverte le 24 mai.

Toutefois, la confiance illimitée que nous avons dans la fermeté et la loyauté du Maréchal-Président ne saurait nous empêcher de voir quelque chose, comme un nuage planer encore dans notre ciel politique ; en d'autres termes, la sécurité du moment ne nous paraît point garantir SUFFISAMMENT celle de l'avenir.

Non, quelque bonne volonté que l'on aie à pouvoir se contenter du *statu quo*, ce serait bien se faire illusion que de croire qu'une situation aussi précaire fût de nature à satisfaire, pendant SEPT LONGUES ANNÉES, les vœux et les instincts d'une grande nation.

Aussi, n'est-ce que dans l'espérance de voir bientôt arriver le NAVIRE AVEC SON PILOTE, que nous remercierons les députés de la Droite et leurs honorables confrères de nous avoir provisoirement construit un « radeau. »

Loin de nous la pensée de vouloir, par une appréciation hostile et prématurée, amoindrir aujourd'hui un Pouvoir que nous avons déjà applaudi. (Cela ne serait ni logique ni loyal) ; mais, tout en respectant la mesure conservatrice qui a prorogé les pouvoirs présidentiels, nous croirions manquer de patriotisme si, à la dernière heure, nous n'exprimions pas hautement nos regrets de voir certains journaux de Paris et de la Province considérer le vote de prorogation comme une *reconnaissance implicite* de la RÉPUBLIQUE DÉFINITIVE et la *négation tacite* du RÉTABLISSEMENT DE LA ROYAUTÉ ; comme si les réserves faites, au nom de la DROITE, par l'honorable M. Chesnelong à la Tribune Nationale avant le vote du 20 novembre, et dont l'efficacité nous est garantie par la LOYAUTÉ ÉPROUVÉE du Maréchal-Président et par l'appui simultané de tous les hommes de cœur, n'étaient pas de nature à modifier sensiblement une pareille interprétation.

Ajoutons encore, sans craindre d'être démenti, que L'OPINION PUBLIQUE est entièrement fixée sur le véritable caractère de l'acte de prorogation.

Qui n'a point compris, en effet, que le but des conservateurs avait été d'assurer d'abord au pays, une tranquillité momentanée, en attendant de pouvoir lui donner, plus tard, la sécurité indispensable au développement des affaires, par le rétablissement d'un POUVOIR STABLE ET DÉFINITIF qui n'était autre que la MONARCHIE ?

Que reste-t-il donc à faire encore pour assurer l'avenir du pays ?

Faut-il constituer *définitivement* la RÉPUBLIQUE, aux applaudissements des THIERS-GAMBETTA et consorts, ou bien rétablir la MONARCHIE TRADITIONNELLE et NATIONALE, représentée aujourd'hui par le COMTE de CHAMBORD ?

Si nous consultons nos souvenirs, la réponse ne sera point douteuse.

Aussi n'ajouterons-nous qu'une simple réflexion à celles que nous avons déjà formulées sur cette délicate question : réflexion qui nous paraît concluante, puisqu'elle s'appuie sur des précédents qui ne sauraient être discutés.

Avec la RÉPUBLIQUE, L'ANARCHIE, la RUINE, le SANG !

Avec la MONARCHIE, la PAIX, la STABILITÉ, la SÉCURITÉ !

Et maintenant, vous qui tenez dans vos mains les destinées de la nation, n'oubliez point que si la parole est encore à la France, l'heure est toujours à Dieu !

LA ROYAUTÉ

Au fond de l'Urne politique,
Puisse bientôt la Royauté
Obtenir sur la République,
La voix de la majorité !

Alors ce NAVIRE qui flotte
Au gré des vents, au gré du sort,
Sous la main du ROYAL PILOTE,
Sans peine toucherait au PORT !

Alors la France bienheureuse,
Dépouillant ses tristes haillons,
Reprendrait, fière et radieuse,
Son rang parmi les nations !

www.ingramcontent.com/pod-product-compliance
Ingram Content Group UK Ltd.
Pitfield, Milton Keynes, MK11 3LW, UK
UKHW012125240726
13965UKWH00005B/1979